FSC
www.fsc.org
MIX
Papier aus verantwortungsvollen Quellen
FSC® C018236

ISBN 978-3-8112-3565-6
1. Auflage 2021

Umschlagillustration: Stefan Lohr
Umschlaggestaltung: Vanessa Braun
Printed in the EU

Der Umwelt zuliebe gedruckt auf chlorfrei gebleichtem Papier.

www.gondolino.de

Meine ersten Vorlesegeschichten zum Kuscheln

gondolino

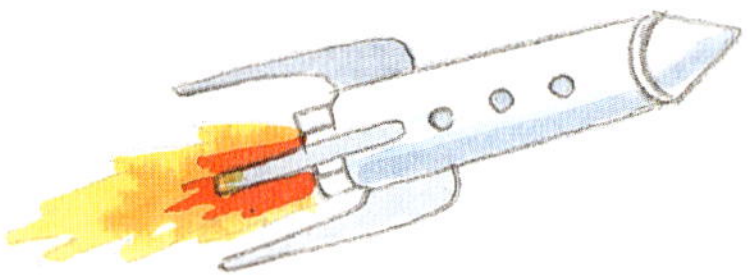

Inhalt

Was gehört alles zum Liebhaben? 9
Die Bärenkinder 10
Der schönste Traum der Welt 12
Wenn ich groß bin 14
Heraus, heraus 16
Oh, wie sehn die Hände aus! 17
Auch Streiten gehört dazu! 19
Prinzessinnenpudding 21
Wenn dir einmal der Bauch wehtut 23
Das kleine Gespenst 25
Ja und Nein 26
Die Rutsche saust der Bär entlang 28
Razepüüü 30
Abenteuerträume 32
Es regnet, tropf, tropf, tropf 34
Morgen kommt Mama wieder 36
Die Perlenprinzessinnen 38
Diese kleine Maus entdeckt einen Speck 40
Teddy bleibt zu Hause 42
Zehn kleine Zappelmänner 44
Auf deinem Rutsche-Car 45
Als der Kuschel das Liebhaben erfand 46
Wo ist Kathis Krone? 48

Warum dumm? 50
Liebe kleine Fledermaus 52
Ich mag dich, wie du bist! 54
Geschwisterchen 56
Die Füße hoch, so liegt der Bär 58
Juhuu, wir fahren in den Urlaub! 60
10 Mäuse zappeln rauf und runter 62
Wer liegt im grünen Grase fast ganz versteckt? 65
Der Schmiege-Kuschel-Liebhab-Reim 66
Prinzessin Nayo 68
Geheime Tricks 70
Gespenster erschrecken 72
Ganz oben auf der Rutschbahn 74
Erst schwimm ich durch den Bach 75

Quellenverzeichnis 76

Was gehört alles zum Liebhaben?

„Wie geht Liebhaben?“, fragt Fred Maus Theo Frosch.
Theo erklärt: „Man muss füreinander da sein,
Zeit miteinander verbringen und …“
Da unterbricht Fred ihn: „Auch kuscheln?“
„Ja“, sagt Theo. „Und man soll ehrlich zueinander sein,
dem anderen zuhören und …“
„Sich auch trösten?“, fragt Fred wieder dazwischen.
„Ja“, sagt da Theo und nimmt Fred in den Arm.
„Und ganz wichtig ist es, dass man kleine Mäuse auch dann
noch lieb hat, wenn sie immer wieder dazwischenrufen!“
Da müssen beide lachen.

Die Bärenkinder

Ein neuer Morgen, die Sonne lacht.
Herr Bär ist heute früh aufgewacht.
Gähnend schaut er aus dem Bau,
fröhlich brummelt seine Frau.
Sie strecken ihre großen Tatzen.
Munter zwitschern schon die Spatzen.
Und da stürmen sie herbei,
die Bärenkinder – es sind drei.
Sie brummeln, balgen, toben, lachen,
sie machen lauter freche Sachen.
Erst abends kommen sie zur Ruh,
dann fallen ihre Äuglein zu.

Der schönste Traum der Welt

Löwe und Bär liegen schon im Bett.
„Ich kann nicht schlafen“, jammert der Löwe.
„Weil ich nicht weiß, was ich träumen soll.“
„Ich auch nicht!“, seufzt der Bär.
Wovon könnten sie bloß träumen?
Der Bär überlegt.
„Jetzt weiß ich's!“, lacht er plötzlich.
„Du träumst von mir und ich träume von dir!“
„Au ja!“, ruft der Löwe.
Schon sind Löwe und Bär eingeschlafen
und träumen so schön wie noch nie!

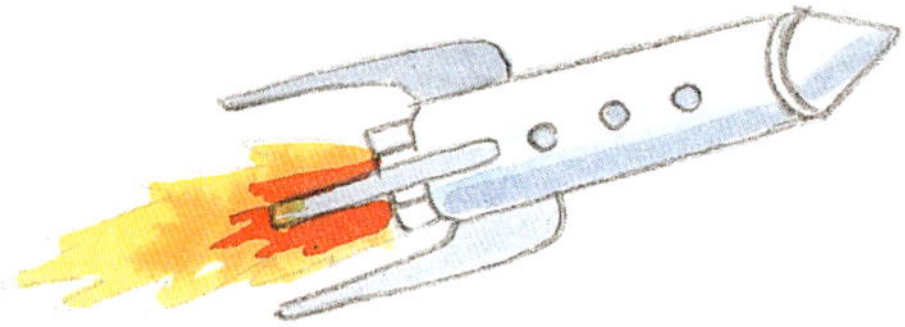

Wenn ich groß bin

Wenn ich groß bin, werde ich Astronaut
und für mich wird das schnellste Raumschiff gebaut!

Wenn ich groß bin, will ich auf der Bühne stehen
und mich als Ballerina im Kreise drehen!

Wenn ich groß bin, werde ich Feuerwehrmann
und lösch alle Brände, so schnell ich kann!

Wenn ich groß bin, werde ich Fußballstar,
bin schon jetzt als Kicker unschlagbar!

Wenn ich groß bin, will ich Löwen und Tiger dressieren,
denn ich hab keine Angst vor wilden Tieren!

Wenn ich groß bin, reise ich um die ganze Welt
und bleibe dort, wo es mir gefällt!

Wenn ich groß bin, hab ich dich noch immer gern
und such dir am Himmel den schönsten Stern …

Heraus, heraus,
die liebe Frau Sonne,
die lacht dich schon aus.
Sie geht schon spazieren
über Felder und Flur
und fragt sich: Wo bleibt denn
die/der ... heut nur?

Rechte und linke Hand greifen nacheinander eine imaginäre Türklinke, mit entsprechender Armbewegung Türöffnen nachahmen. Arme und Hände über dem Kopf als Sonne zu einem Kreis zusammenschließen. Zeige- und Mittelfinger machen Spazierbewegungen. Kind beim Namen nennen und auf seine Brust tippen oder es kitzeln.

Oh, wie sehn die Hände aus!
Schnell zum Waschen, kleine Maus.

Dreh den Hahn vorsichtig auf.
Auf die Hand kommt Seife drauf.

Hände reiben, Finger waschen,
oben kreisen, Daumen fassen.

Mit Wasser spül den Schaum gleich weg,
fort ist jetzt der ganze Dreck.

Das Handtuch macht die Hände trocken.
Doch „Oh weh!" sagst du erschrocken.

Es ist ja gar kein Handtuch da!
Schüttel, schüttel, schüttel, schüttel!

Hände vor den Augen drehen,
pantomimisch die Hände,
wie im Vers beschrieben, waschen.
Zum Schluss die Hände schütteln.

Auch Streiten gehört dazu!

Boris Bär hat sich heute mit seinem Freund, dem kleinen Fuchs, gestritten. „Dabei haben wir uns doch so gern!“, weint Boris, und eine dicke Bärenträne kullert über seine pelzige Wange.
„Mein Schatz“, tröstet ihn Mama Bär. „Auch Streiten gehört zu einer Freundschaft. Wichtig ist nur, dass man sich wieder verträgt.“
Da macht Boris sich gleich auf den Weg zu seinem Freund, um sich mit ihm zu vertragen. Und dabei sieht Boris schon ein bisschen fröhlicher aus …

Prinzessinnenpudding

Das ist der allerallerbeste Pudding, den es gibt!
Mama versteckt nämlich immer eine Erbse darin.
Wer die Erbse bekommt, der darf Prinzessin sein.
Marei ist ganz aufgeregt. Ob sie diesmal Glück hat?
Tatsächlich, auf einmal spürt sie etwas Hartes im Mund.
„Hurra!“, juchzt sie. „Ich bin Prinzessin!“
Und sogleich bestimmt sie:
Birte soll sie schminken,
Mama soll ihr das schöne Kleid anziehen
und Omi soll ihr das Glitzerkrönchen bringen.
Opa hat inzwischen schon den Thron gebaut.
Marei klettert hinauf. Auf einmal muss sie kichern.
„Opa, wenn du die Erbse hast,
bist du dann auch Prinzessin?“
Opa lacht: „Na klar!“
Da ruft Marei: „Mama, du musst gleich wieder
Prinzessinnenpudding kochen!
Und dann soll Opa die Erbse finden!“

Wenn dir einmal der Bauch wehtut,
krault Mama dir ganz sanft das Fell.
Ruhig im Kreis, das kann sie gut,
und so vergeht das Bauchweh schnell.

Nehmen Sie Ihr Kind in den Arm und streicheln Sie ihm in sanften Kreisen den Bauch.

Das kleine Gespenst

„Warum immer nur nachts spuken?“, denkt das kleine Gespenst.
„Ich will doch mal sehen, wie es tagsüber so ist!“
Gleich am nächsten Morgen fliegt es los.
„Buh!“, ruft es, aber die Frau im Garten erschrickt gar nicht.
„Der Wind hat mein Laken weggerissen“, schimpft sie, packt das Gespenst und hängt es an die Leine.
„Jetzt weiß ich, warum wir nur nachts spuken“, seufzt das Gespenst. „Am Tag ist es viel zu gefährlich.“

Ja und Nein

„NEIN!“, sagt Nina, wenn ihr kleiner Bruder wieder einmal anfängt, die Tauben zu ärgern.

„NEIN!“, sagt Nina, wenn Oma Hanni ihren Teller füllt, obwohl Nina längst pickepacke satt ist.

„NEIN!“, sagt Nina, wenn Jule sie über die Straße ziehen will, obwohl die Ampel schon rot zeigt.

„NEIN!“, sagt Nina, wenn ihr jemand, den sie kaum kennt, ein Küsschen geben will.

„JAAA!“, jubelt Nina,
wenn Papa sie hoch in
die Luft wirbelt.

Die Rutsche saust der Bär entlang,
so schnell wie er nur rutschen kann.

Auf der Gondel schaukelt er,
hoch und höher, hin und her.

Dann klettert er flink aufs Gerüst.
Schwuppdiwupp, bis er ganz oben ist.

Die Wippe kippt mal hoch, mal tief
und immer sitzt das Bärchen schief.

Im Sand gräbt er ein tiefes Loch.
Und du? Du lachst ja doch!

Mit einer Hand am ausgestreckten Arm des Kindes entlang nach unten streichen.
Beide Hände des Kindes fassen und hin- und herpendeln. Die Bewegung bei „hoch und höher" größer werden lassen.
Mit den Fingern den Arm des Kindes nach oben krabbeln.
Bei „Schwuppdiwupp" die Nase fassen.

Am Schluss die Hand auf dem Kopf des Kindes ablegen. Die Arme des Kindes sind seitlich ausgestreckt. Sie werden gegeneinander nach unten und oben bewegt, sodass sich immer eine Schieflage ergibt.
Bei „tiefes Loch" dem Kind in den Bauch piksen.

RAZEPÜÜÜ

Es war einmal ein kleines Sandmännchen, das hieß RAZEPÜÜÜ. RAZEPÜÜÜ brachte den Menschen jede Nacht den tiefen und guten Schlaf. Irgendwann wurde das kleine Männchen ganz traurig darüber, dass kein Mensch von ihm wusste, weil es ja nur nachts kam. Deshalb erfand RAZEPÜÜÜ das Schnarchen. Seitdem sagen alle Menschen, die besonders tief und gut schlafen, immer laut: „RAZEPÜÜÜ, RAZEPÜÜÜÜÜ!“ Und alle Welt redet von dem kleinen Männchen, das uns den Schlaf bringt.

Abenteuerträume

Nimm den Teddy an die Hand,
der Sandmann bringt den Schlummersand.

Dann wirst du große Burgen bauen,
aus Raketenfenstern schauen,

eine ganze Torte essen,
dich mit echten Drachen messen,

auch mit starken Löwen ringen,
Glitzerstaub vom Stern mitbringen.

Sandmann bringt den Traum zu dir,
doch den Kuss kriegst du von mir.

Es regnet, tropf, tropf, tropf,
genau auf meinen Kopf.

Die Tropfen werden immer mehr!
Warum nur regnet es so sehr?

Was für ein Gespritze!
Zack, tropft's auf die Nasenspitze.

Auf die Schultern prasselt was,
die Arme werden klitschenass.

Ein kleiner Teich in meiner Hand,
hui, da bin ich losgerannt.

Vom Himmel schüttet's: pitsch und patsch,
im Schuh macht es schon quatsch, quatsch, quatsch!

Ich bin im Haus.
Geschafft!
Abtrocknen!
Und jetzt?
Noch mal hinaus!

Zuerst mit den Zeigefingern leicht auf den Kopf
des Kindes klopfen. Den „Regen" stärker werden lassen,
auf die Nase tippen, auf den Schultern krabbeln,
die Arme streicheln, in der gewölbten Hand kreisen,
ab „pitsch und patsch" leicht auf die Schenkel klopfen,
über die Stirn wischen und bei „Abtrocknen!"
das ganze Kind knuddeln und abrubbeln.
Abschließend noch einmal alles von vorn.

Morgen kommt Mama wieder

Heute Morgen ist Mama weggefahren.
Marie hat den ganzen Tag mit Papa gespielt.
Das war schön, aber jetzt ist es Abend.
Jetzt will Marie Mama.
„Mama kommt erst morgen wieder, mein Mäuschen“, sagt Papa. „Möchtest du noch ein Marmeladenbrot?“
Aber Marie möchte kein Marmeladenbrot.
Marie möchte sich auch nicht ausziehen.
Und nicht Zähne putzen.
Und schon gar nicht schlafen.
Marie will Mama. Jetzt!
Papa seufzt, dann hat er eine Idee. Er holt Mamas Nachthemd und wickelt es um Maries Kuschelkissen.
Mmh, das duftet so schön nach Mama …
„Aber morgen kommt sie wieder, ja?“
„Ja, morgen ist Mama wieder da. Schlaf schön, mein Mäuschen! Gute Nacht!“

Die Perlenprinzessinnen

In einem silbernen Schloss mit vielen
Türmen leben die Perlenprinzessinnen.
In den Türmen bewahren die Prinzessinnen
ihre Silberperlen auf.
Das sind so viele, dass man sie gar nicht
mehr zählen kann.
Früh am Morgen, wenn alle noch schlafen,
stehen die Perlenprinzessinnen auf.
Jede füllt sich einen Korb voller Perlen.
Dann machen sie sich auf den Weg
und hängen die Silberperlen überall hin:
an Gräser und Blumen,
auf Moospolster und Blätter,
ja, sogar an Spinnennetze.
Wenn die Sonne aufgeht, schillern die Perlen
in allen Regenbogenfarben.
Und wer gut hinschaut,
der kann sie entdecken!

Diese kleine Maus entdeckt einen Speck,
ihr Bruder nimmt ihn einfach weg.
Doch Mama holt ihn gleich zurück,
Papa teilt auf: für jeden ein Stück.
Oh, da ist noch eins für mich –
was für ein Glück!

Halten Sie eine Hand Ihres Kindes und rollen und streichen Sie jeden Finger sanft zu den Versen. Am Ende nehmen Sie den Daumen in den Mund.

Teddy bleibt zu Hause

So, Teddy, du machst jetzt dein Mittagsschläfchen.
Und ich gehe mit Mama zum Spielplatz, ja?
Nein, du kannst nicht mitkommen!
Schau, letztes Mal habe ich dich dort vergessen. War das eine Aufregung, bis ich dich wiederhatte! Papa und Mama haben sogar Zettel aufgehängt, auf denen stand:
„Unsere Lena vermisst ihren Teddy!!! Wer hat ihn gefunden?“
Und ich hab zwei Nächte nicht geschlafen. Bis der kleine Junge kam und dich zurückgebracht hat. Puh, war ich froh …
Du, Teddy, ich treffe mich heute mit dem kleinen Jungen. Ja, mit dem, der dich gefunden hat! Und du bleibst mal besser zu Hause.
Nicht traurig sein, Teddy! Wenn ich nachher zurückkomme, hast du ausgeschlafen und wir spielen zusammen.

Zehn kleine Zappelmänner zappeln hin und her.
Zehn kleinen Zappelmännern fällt das gar nicht schwer.
Zehn kleine Zappelmänner zappeln auf und nieder.
Zehn kleine Zappelmänner tun das immer wieder.
Zehn kleine Zappelmänner zappeln rundherum.
Zehn kleine Zappelmänner finden das nicht dumm.
Zehn kleine Zappelmänner spielen mal Versteck,
zehn kleine Zappelmänner sind auf einmal weg!

Alle zehn Finger zappeln lassen, dabei mit Händen und Armen nacheinander die genannten Bewegungen machen.
Zum Schluss schnell die Hände hinter dem Rücken verstecken.

Auf deinem Rutsche-Car
fährt es sich ganz wunderbar.

Du lenkst mal hin und einmal her,
mal rechts, mal links, dann kreuz und quer.

Dann fährst du rund im Kreis herum
und machst dabei laut brumm, brumm, brumm!

Die Räder drehn sich immer schneller.
Du fährst vom Dach bis in den Keller.

Höchsttempo auf grader Strecke!
Plötzlich biegst du um die Ecke – plumps!

Das Kind sitzt mit dem Rücken zugewandt auf dem Schoß und hat pantomimisch ein Lenkrad umfasst, mit dem man gemeinsam zuerst nach rechts und links lenkt. Dann das Kind durch Auf- und Abbewegen der Beine auf dem Schoß „kreisen" lassen. Die Unterarme des Erwachsenen drehen vorm Kind umeinander und werden dabei immer schneller. Dann das pantomimische Lenkrad gemeinsam zittern lassen. Zum Schluss das Kind auf eine Seite kippen lassen, dabei natürlich gut festhalten.

Als der Kuschel das Liebhaben erfand

In einem großen Wald lebte einmal ein kleiner Wichtel mit vielen kuschelweichen Locken. Daher hatte er den Namen Kuschel. Als Kuschel eines Tages allein vor seinem Pilzhaus saß, spürte er, dass ihm etwas fehlte.

Da suchte er sich einen Freund. Sein neuer Freund hieß Lieb.
Als die Waldbewohner sahen, wie unzertrennlich die beiden waren, sagten sie: „Wir wollen auch einen Lieb haben!“
Seitdem sagt man „lieb haben“, wenn man jemanden besonders mag.
So hat Kuschel das Liebhaben erfunden.

Wo ist Kathis Krone?

Kathi ist fürchterlich aufgeregt.
Im Kindergarten wird heute Theater gespielt
und Kathi ist die Prinzessin.
„So, jetzt noch dein Krönchen“, sagt Mama.
Aber – wo ist die Krone?
Mama und Kathi suchen überall.
„Wir müssen los!“, ruft Mama.
Ohne Krone? Kathi kommen die Tränen.
Vor dem Haus wartet Papa schon.
Und was hat er auf dem Kopf?
„Damit wir sie nicht vergessen!“, lacht er.

Warum dumm?

Ausgelassen tollen die weißen Schäfchen über den Deich.
Nur die kleine Lilly spielt mit Lilo, dem einzigen schwarzen Schäfchen der Herde, etwas abseits.

„Hey Lilly!“, rufen die weißen Schäfchen. „Lass doch das schwarze Schaf alleine spielen. Komm lieber zu uns!“
„Warum?“, ruft Lilly zurück. „Kommt ihr doch herüber!“
„Was denkst du dir denn?“, blöken die anderen. „Wir spielen doch nicht mit schwarzen Schafen!“
„Seht ihr“, lacht Lilly. „Und wir spielen nicht mit dummen Schafen!“

Liebe kleine Fledermaus

Du kleine, liebe Fledermaus,
komm, breite deine Flügel aus
und fliege in die Nacht hinaus.

Schau doch die funkelnden Sterne,
sie leuchten weit in der Ferne.
Auf einem steht ein Wunderbaum
und daran hängt ein süßer Traum.

Du kleine, liebe Fledermaus,
komm, breite deine Flügel aus
und fliege in die Nacht hinaus.
Fliege hoch zum Wunderbaum
und pflücke mir den schönen Traum.

Ich mag dich, wie du bist!

„Schau mal, diese Knubbelnase“,
seufzt der kleine Hoppelhase.

„Häschen, guck auf mich und dich,
solch ein Näschen hab auch ich.“

„Schau mal, meine langen Ohren!“
„Häschen, so bist du geboren!“

„Schau nur, dieser Strubbelschwanz!“
„Häschen, du gefällst mir ganz!“

„Ach, wär ich nur ein schöner Pfau
mit vielen Federn, grün und blau!“

„Häschen, dass du’s nie vergisst:
Ich hab dich lieb, so wie du bist.“

Geschwisterchen

„Bald bekomme ich ein Geschwisterchen“, freut sich Lara.
Mamas Bauch ist schon kugelrund.
„Wann kommt das Baby denn endlich, Mama?“, fragt Lara neugierig.
„In zwei Monaten!“, sagt Mama.

Lara holt den Kalender und blättert. Ein Blatt ist ein Monat. Lara muss noch so oft schlafen, wie Zahlen auf jedem Blatt stehen. „Noch so lange!“, ruft Lara da. Dann hat sie eine Idee. „Ich kann ja schon mal mit dem Baby schmusen“, sagt sie und kuschelt sich eng an Mamas Bauch. „Das spürt das Baby bestimmt!“

Die Füße hoch, so liegt der Bär
im Boot weit draußen auf dem Meer.
Das Schiffchen schaukelt hin und her,
das mag der alte Seebär sehr!

Heben Sie die Füße Ihres liegenden Kindes hoch
und schaukeln Sie sie sanft hin und her,
sodass sich sein Körper leicht dreht.

Juhuu, wir fahren in den Urlaub!

Niklas freut sich! Heute Nacht fährt er nämlich mit Mama und Papa in den Urlaub. Vor lauter Aufregung kann Niklas im Auto dann gar nicht einschlafen. Da stellt er sich vor, wer in den Häusern, die an seinem Fenster vorbeiflitzen, wohnt: Kinder in ihren warmen Betten, Mamas und Papas aneinandergekuschelt und viele kleine Tiere in ihren weichen Körbchen.
Uh, da wird auch Niklas ganz müde …
Schwupp! Schon ist er eingeschlafen.
Und als Niklas aufwacht, kann er schon den Strand sehen – juhuu, Urlaub!

10 Mäuse zappeln rauf und runter,
denn sie sind noch immer munter.

Sie wollen noch nicht schlafen gehen,
lieber tanzen und sich drehen.

Sie schunkeln wild mal hin, mal her
und zappeln dabei noch viel mehr.

Nun laufen sie im Kreis herum.
Hoppla! – Da fallen alle um.

Schnell rappeln sie sich wieder auf,
doch hörn mit dem Gezappel auf.

Müde kuscheln sie sich nun
aneinander, um zu ruhn.

Finger zappeln nach oben, dann nach unten, nach rechts und nach links, im Kreis herum. Bei „fallen alle um" klappen die Handflächen nach unten. Dann werden die Hände wieder aufgerichtet, aber die Finger zappeln nicht mehr. Die Handflächen werden aneinandergelegt und wie ein Kissen an die Wange gelegt.

Wer liegt im grünen Grase fast ganz versteckt,
die großen weichen Pfoten lang ausgestreckt?
Das kann nur der Hase sein,
komm, wir kitzeln ihn am Bein,
dann zieht er die Pfoten ganz schnell ein.

Melodie: Ein Männlein steht im Walde

Nehmen Sie die Fußgelenke des Kindes behutsam in die Hände und strecken Sie vorsichtig die Beine. Dann streichen Sie mit dem Daumen zart über die Fußsohlen und beugen die Beine sanft wieder.

Der Schmiege-Kuschel-Liebhab-Reim

Ich drück dich fest an meine Brust
und geb dir einen dicken Kuss
auf Nas und Stirn fast jeden Tag,
weil ich dich ganz einfach mag.

Ich mal dir einen großen Stern
und sage dir: „Ich hab dich gern!"
Wangen schmiegen, Haare wuscheln:
Wir sind Weltmeister im Kuscheln!

Näschen aneinanderreiben.
Immer beieinanderbleiben!
So kuscheln wir, ob groß, ob klein,
zum Schmiege-Kuschel-Liebhab-Reim.

Prinzessin Nayo

Prinzessin Nayo vom Palmenwald
wird heute schon drei Jahre alt!
Ihr Papa hat sich was ausgedacht,
das Nayo sicher Freude macht.
Sein Geschenk geht an der Leine,
es hat einen Rüssel und vier Beine.
„Hurra“, ruft Nayo, „ein Elefant!“
Das hat sie doch sofort erkannt.
An seinem Bauch hängt eine Leiter
für nicht ganz so große Reiter.
Nayo klettert flink hinauf
und setzt sich lachend obendrauf.
Sie reitet davon und singt vor Glück
und kommt am Abend erst zurück.

Geheime Tricks

Plagt dich zuweilen Angst im Dunkeln?
Lass einfach kleine Sternchen funkeln!

Macht ein Sturm dir weiche Knie?
Summe eine leise Melodie!

Fällt dir mal das Alleinsein schwer?
Gern hilft Brumm, dein Teddybär!

Nähert sich ein Hund, groß wie ein Haus?
Stell dir schnell vor,
er wär ’ne Maus!

Doch wächst die Angst, wird prall und groß,
dann kuschle dich auf Mamas Schoß!

Gespenster erschrecken

Wenn im Dunkeln
die Sterne funkeln
und der Mond freundlich lacht,
ist es Nacht.
Da spuken die Gespenster,
sie gucken durch dein Fenster.
Sie kichern leise
auf Gespensterweise
und wollen dich necken
und erschrecken.
Doch wenn du dann aufwachst,
laut gähnst oder auflachst,
kriegen sie einen Schreck
und sind schon wieder weg!

Ganz oben auf der Rutschbahn,
da stehen zwei gemeinsam.

Der eine saust zuerst hinab.
Der andre folgt ihm ganz schön knapp.

Sie buddeln Löcher in den Sand,
dann nehmen sie sich an die Hand,

verstecken sich im Spielhaus
und kommen nicht mehr raus.

Ob sie eingeschlafen sind?
Nein, ich hör sie kichern: „Hihihihi!“

Fäuste mit ausgestreckten Daumen sollen die Figuren sein. Arme hoch, nacheinander zuerst eine Faust schräg nach unten sausen lassen, dann die andere hinterher. Mit den Daumen und den gegenüberliegenden Fingern Löcher bilden. Die Daumen schlüpfen in die Faust. Zum Schluss werden die Fäuste ans Ohr gehalten.

Erst schwimm ich durch den Bach,
dann durch den See,
dann durch den Fluss,
dann ins Meer.
Huhuhuu, bin ich nass geworden!

Nacheinander mit den Armen Schwimmbewegungen machen,
dabei von Vers zu Vers jeweils einen Schwimmzug mehr.
Zum Schluss darf das Kind sich wild schütteln.

Quellenverzeichnis

Was gehört alles zum Liebhaben?, Auch Streiten gehört dazu,
Als der Kuschel das Liebhaben erfand, Ich mag dich, wie du bist!,
Geschwisterchen, Der Schmiege-Kuschel-Liebhab-Reim
aus: Sarah Roth, **Viele kleine Schmusegeschichten**
mit Illustrationen von Marina Rachner
© Loewe Verlag GmbH, Bindlach 2007

Die Bärenkinder
aus: Silke Voigt, **Meine allerersten Tiergeschichten**
mit Illustrationen der Autorin
© Loewe Verlag GmbH, Bindlach 2004

Der schönste Traum der Welt, Das kleine Gespenst,
Razepüüü, Morgen kommt Mama wieder,
Liebe kleine Fledermaus, Juhuu wir fahren in den Urlaub!,
Gespenster erschrecken
aus: Sarah Roth, **Viele kleine Gutenacht-Geschichten**
mit Illustrationen von Marina Rachner
© Loewe Verlag GmbH, Bindlach 2008

Wenn ich groß bin, Teddy bleibt zu Hause
aus: Katja Reider, **Viele kleine Kuschelgeschichten**
mit Illustrationen von Antje Flad
© Loewe Verlag GmbH, Bindlach 2005

Heraus, heraus, Oh, wie sehn die Hände aus!,
Die Rutsche saust der Bär entlang,
Es regnet, tropf, tropf, tropf,
Zehn kleine Zappelmänner,
Auf deinem Rutsche-Car, 10 Mäuse zappeln rauf und runter,
Ganz oben auf der Rutschbahn,
Erst schwimm ich durch den Bach
aus: Christiane Wittenburg, **Viele kleine Fingerspiele**
mit Illustrationen von Marina Rachner
© Loewe Verlag GmbH, Bindlach 2008

Prinzessinnenpudding, Die Perlenprinzessinnen,
Wo ist Kathis Krone?, Prinzessin Nayo
aus: Sabine Cuno, **Viele kleine Prinzessinnen-Geschichten**
mit Illustrationen von Stefanie Dahle
© Loewe Verlag GmbH, Bindlach 2008

Wenn dir einmal der Bauch wehtut,
Diese kleine Maus entdeckt einen Speck,
Die Füße hoch, so liegt der Bär
aus: Sandra Grimm, **Komm, ich kraul dir den Bauch**
mit Illustrationen von Kerstin M. Schuld
© Loewe Verlag GmbH, Bindlach 2005

Ja und Nein, Warum dumm?, Geheime Tricks
aus: Katja Reider, **Viele kleine Mutgeschichten**
mit Illustrationen von Kerstin M. Schuld
© Loewe Verlag GmbH, Bindlach 2006

Abenteuerträume
aus: Sarah Roth, **Viele kleine Sandmännchengeschichten**
mit Illustrationen von Kathrin M. Göritz
© Loewe Verlag GmbH, Bindlach 2006

Wer liegt im grünen Grase fast ganz versteckt?
aus: Sandra Grimm, **Schau mal hier, schnapp es dir**
mit Illustrationen von Kerstin M. Schuld
© Loewe Verlag GmbH, Bindlach 2005